ORAISON FUNÈBRE

DE MONSEIGNEUR

HYACINTHE-LOUIS DE QUÉLEN,

ARCHEVÊQUE DE PARIS.

PARIS, IMPRIMERIE DE POUSSIELGUE,
rue du Croissant, 12.

ORAISON FUNÈBRE

DE MONSEIGNEUR

Hyacinthe-Louis de Quélen

ARCHEVÊQUE DE PARIS,

PRONONCÉE EN L'ÉGLISE MÉTROPOLITAINE DE PARIS

Le 26 Février 1840

PAR M. L'ABBÉ DE RAVIGNAN.

PARIS,

POUSSIELGUE-RUSAND, LIBRAIRE-ÉDITEUR,
rue Hautefeuille, 9;

ADRIEN LECLÈRE ET Cⁱᵉ, RUE CASSETTE, 29.

1840

ORAISON FUNÈBRE

de Monseigneur

Hyacinthe-Louis de Quélen,

ARCHEVÊQUE DE PARIS.

O mors, bonum est judicium tuum !
O mort, ton jugement est bon !
(ECCLI., 41, 3.)

Ils sont graves, Messieurs, les enseignements que la foi vient donner près d'un tombeau. Au milieu des agitations perpétuelles et des vaines préoccupations de cette terre, il est bon, il est juste, dans les vues de la Providence, que la méditation d'une mort illustre et sainte nous reporte à cet instant du redoutable passage. Nous demandons alors à nous-mêmes quel est donc ce gage éprouvé de sécurité calme, de paix profonde, de confiance et de joie intimes, puisque nous avons à contempler cet état d'une âme se jouant ainsi parmi toutes les terreurs des douleurs dernières.

Et c'est déjà dans ce sens que nous pouvons nous adresser à la mort, et lui dire avec la foi : « O mort, ton jugement est bon! *O mors, bonum est judicium tuum !* »

Mais un pontife est placé dans des temps difficiles aux premiers rangs de la hiérarchie sacrée; il s'y montre digne de sa haute mission, courageux, doux, modéré, toujours animé par la piété et par la charité les plus tendres et les plus sincères; en lui le Seigneur se plut à accomplir d'utiles et glorieux desseins.

L'évêque, l'homme, destinée commune à toutes les existences d'ici-bas, purent être exposés aux jugements divers des hommes; il n'était pas d'ailleurs donné à tous de bien apprécier les vrais sentiments de ce cœur pastoral.

La mort est venue, la mort, qui juge aussi et

qui prononce avec sa justice et sa vérité entières. Le pontife n'a pas changé; fidèlement semblable à lui-même, il apparaît, il est, dans la lutte des longues souffrances et de la dernière heure, ce qu'il fut parmi le charme béni de ses communications paternelles, parmi les sages directions données à son administration. A la vue toute présente et acceptée de sa fin prochaine, il ouvre, il épanche son âme. Quand la pensée du souverain juge et la voix de la conscience dictent seules les effusions de son cœur, sa parole va le peindre et le dévoiler lui-même, lui-même tout entier; chacun pourra le retrouver, le reconnaître et le comprendre. On l'écoute, il parle; et ce ne sont que les saintes et sublimes inspirations du Dieu de paix et d'amour. Si l'on veut juger, qu'on juge : l'histoire et la postérité commencent pour cette âme d'évêque; et je ne sache pas qu'on puisse y lire autre chose que bonté inaltérable, douce mesure, intelligence et désir élevés du bien, foi ardente, angélique héroïsme.

Quand on se recueille chrétiennement près

de cette couche funèbre ou près de cette tombe, on prononce accomplie la première et grande condition posée par l'Apôtre pour l'épiscopat : il faut que l'évêque soit irréprochable (1); e l'on répète au plus profond de sa conscience : O mort, que ton jugement est bon! *O mors, bonum est judicium tuum!*

Cette pensée, Messieurs, se présentait ici d'elle-même; elle devra nous servir de guide dans ce discours consacré à la mémoire de *Monseigneur Hyacinthe-Louis de Quélen, Archevêque de Paris.*

A ce nom vénérable et chéri de douloureux souvenirs se réveillent. Quel vide il a laissé dans cette église et dans nos cœurs, lui dont la dignité, les vertus pénétraient ceux qui l'approchaient d'un religieux respect; dont l'affabilité, la bonté faisaient mieux encore, inspiraient le plus tendre amour!

Mais je ne dois pas me contenter de regrets stériles, ni me borner non plus à de stériles élo-

---

(1) 1. Tim., 3, 2.

ges. Pour obéir à la tâche qui m'est imposée, je dois chercher votre instruction, la mienne, dans l'étude d'une grande âme, d'un noble et saint caractère.

Nous méditerons donc ce jugement de la mort, et nous en tirerons l'expression solennelle d'une vie exempte de reproche.

Ainsi, naturellement et sans effort, verrons-nous cette existence belle et pure passer devant nous comme une bienfaisante lumière. Image vivante des vertus évangéliques, le prêtre, le pontife auront été l'homme qui s'est démis volontairement de lui-même pour s'abandonner à la conduite de la Providence, disciple fidèle et docile des conseils divins, et qui, simple et prudent, mesuré avec force et fort avec mesure, dans sa douceur ne resta pas en arrière, dans son courage n'alla point trop avant. Accord béni de modération facile et de fermeté généreuse, double caractère uni et confondu en celui dont je dois vous retracer les vertus. Partage aussi tout indiqué de mes pensées et de mes paroles. Puissé-je les avoir dites, puissiez-vous les avoir entendues dans ce même esprit de force d'abord, et puis de douceur, que nous allons contempler successivement! Nous aurons fait plus alors que remplir les hautes convenances de l'éloge; nous aurons rencontré un grand et utile enseignement.

PREMIÈRE PARTIE.

La force, digne du beau nom de vertu, n'est point, Messieurs, l'audace téméraire, n'est point une recherche aveugle des dangers ni l'entreprise hasardée des grands travaux; ce ne serait ainsi le plus souvent qu'une fougue insensée, trop facile apanage d'âmes vulgaires. Il n'y a pour l'homme de vertu, de gloire et de courage véritables que dans l'ordre et la direction d'une saine raison, dans ces actes grands et difficiles que précèdent une haute vue d'intelligence, la considération attentive et le vouloir généreux du bien.

Aussi le christianisme, nouvelle et dernière école de vérité, de vertu, vint-il réparer, perfectionner le bien de l'homme et sa raison, et restituer entre autres dans sa dignité, sa notion vraie, l'un des plus nobles attributs de la nature humaine, la force et la fermeté d'âme; il les adopte et les sanctionne seulement quand elles défendent et appuient des combats ou des travaux entrepris selon Dieu, raison souveraine. Alors s'établit et se consomme sur cette terre l'heureuse et divine alliance, image du gouvernement de la Providence, caractère propre de l'esprit chrétien, union de force et douceur, en sorte que l'une devient l'autre; la force devient douceur, et la douceur force, comme une seule expression de dévouement et de courage dans la fidèle imitation du divin modèle. C'est que force et secours sont en Dieu même, dont la nature est la bonté, et qui avec sa grâce communique son esprit; c'est qu'en Dieu seul notre foi devient cette victoire calme et forte qui triomphe de toute la violence des assauts et des orages. (1)

Je ne me tromperai pas, Messieurs, je ne vous tromperai pas dans mon appréciation sincère en disant que la vie de l'Archevêque de Paris résume et réalise ce type, ce glorieux caractère.

Sa force d'abord : si je considère attentivement, je la trouve dans une grande fin proposée, embrassée, accomplie; dans une vertu constante et soutenue; dans le fardeau porté de la charge pastorale.

Se consacrer à Dieu dans l'état ecclésiastique, avait été, dès la plus tendre enfance, un but proposé à l'âme du futur pontife par lui-même et par l'attrait intérieur de la grâce. Avec cette forte pensée il grandit fidèle, et ne l'abandonna jamais. Dévoué uniquement aux inspirations du vrai zèle, il cherchait dans son avenir les travaux utiles à la gloire de Dieu et au salut des âmes : il devait les rencontrer.

---

(1) 1. Joan., 5, 4.

Bien avant l'âge atteint du sacerdoce, son jeune courage dut traverser nos premiers troubles politiques. Il vit l'Eglise désolée et les pasteurs immolés ou dispersés, et l'impiété, la fureur poursuivant cruellement la religion et ses ministres.

Ce cœur d'apôtre, aguerri par avance, se fortifie dans la tempête; il ne recule devant aucune des terreurs du présent, devant aucune des prévisions de l'avenir.

Il préludera dans le secret aux nobles fonctions du sanctuaire; et quand le jour aura lui, quand les jeunes lévites pourront se réunir et se former ensemble aux combats du Seigueur, l'abbé de Quélen sera le premier sur le seuil de l'école sacrée, le premier à se ranger sous la conduite de ces maîtres révérés, humbles modèles de science et de vertu. Nommer Saint-Sulpice, c'est avoir rappelé ce qu'il y a de plus digne de vénération, de reconnaissance et d'amour.

Formé par le plus pur esprit du sacerdoce, faible de corps, arrêté quelquefois par un sentiment trop profond d'indignité, mais soumis à la voix divine et toujours courageux dans l'exécution d'une grande pensée, le lévite est prêtre; il monte à l'autel et bientôt dans la chaire pour édifier et pour instruire : la fin proposée est remplie.

Le choix d'un genre de vie pour la plupart des hommes est une route prise au hasard, suivie à l'aventure. Dans ce tourbillon, qui saisit et emporte dès la jeunesse, bien peu délibèrent à l'avance, se proposent un but, le fixent avec sagesse pour y tendre avec force. On s'en va follement dans la vie, flottant au gré des circonstances, et l'on ne songe pas que le grand terme doit être communément le fruit de la voie adoptée; que nous avons chacun, dans les desseins de Dieu, une voie préparée et sûre, hors de laquelle nous courons risque de faire un triste naufrage.

Mais qui pense parmi nous à vivre pour accomplir la vocation divine? qui pense à rechercher dans le recueillement de la raison et dans les directions de la foi cette destination de Dieu réelle cependant et éternelle? Par ce déplorable oubli combien d'intelligences déplacées, combien de cœurs égarés! que de maux apportés à l'Église et à la patrie!

De bonne heure avec la vocation au sacerdoce l'Archevêque de Paris en avait adopté les vertus, qu'il soutint et développa dans un éminent degré jusqu'au bout de sa carrière.

Doué d'une foi vive autant que simple, il joignit aux qualités les plus précieuses d'un esprit distingué cette rectitude et cette fermeté de vues chrétiennes, bien supérieures à toutes les vaines spéculations de la raison humaine. Il savait que les pensées des hommes ne sont pas les pensées de Dieu: pour accomplir celles-ci il vivait de la foi, suivant le conseil de l'Apôtre (1); aux pensées, aux vues de la foi il assujettit sa vie et sa conduite tout entières, cherchant non ses intérêts propres, mais ceux de Dieu. A ce but il rapporta ses efforts, ses démarches, ses paroles.

La politique et la raison mondaine n'expli-

---

(1) Heb., 10, 38.

quent pas cette existence; la foi l'explique. La foi, force divine, céleste lumière, dédaignée dans les idées de certains sages, élevée cependant par dessus tous les dons de science et de génie de toute la distance qui de la terre monte aux cieux. Aussi voyez dans ce cœur de prêtre et puis d'évêque persévérer l'amour de la prière, exercice premier de la foi. Fidèlement, comme aux jours les plus fervents de sa jeunesse cléricale, il se nourrit des méditations de la piété; il chérit, dans toutes les positions de sa vie, les solitaires entretiens de la conversation divine, pour parler encore avec S. Paul (1): et ce sera la source de cette onction pénétrante, de cette aménité digne et sainte, de cette religieuse gravité de mœurs qui jamais ne cesseront d'accompagner le vénéré pontife.

Que si dans cet esprit, dans ces effets assidus de la prière on ne voulait voir qu'un indice de piété naturelle et une occupation vulgaire, ce serait étrangement se méprendre.

---

(1) Philip., 3, 20.

Dans le vrai, la prière persévérante et fiélt
acte de courage et d'un mâle courage ; tout notre
être, dégradé qu'il est et détourné de ses voies,
tout notre être redoute et fuit la prière, présence anticipée d'une autre vie et d'un autre
juge de nos actions que nous-mêmes. Puis
quand les mille soins d'une position élevée
et difficile, le torrent des affaires, le chagrin
des obstacles, l'impatiente indocilité de notre
esprit viennent assiéger et ébranler une âme,
prier c'est combattre et vaincre, mais c'est
aussi conquérir les plus beaux fruits de la victoire.

Le cardinal Ximénès priait aussi, priait durant de longues heures. Les courtisans inconsidérés demandaient : Que fait-il? Pourquoi
consumer ainsi un temps précieux? On dut répondre : Il gouverne. L'histoire des Espagnes
et des Indes, au grand siècle de leur gloire, s'est
chargée de le prouver.

De nos jours qui sait comprendre la nécessité de la prière, de cette communication établie entre l'homme et Dieu? Un homme qui prie est devenu un prodige; et si j'avais à signaler d'un mot cette indépendance où l'on prétend vivre à l'égard de Dieu même, cet athéisme pratique, triste et trop certain caractère de notre siècle, mal cruel qui nous dévore; si j'avais à l'exprimer, je dirais : C'est l'abandon de la prière.

La prière, force véritable et vie féconde de l'âme : c'est ce que l'Archevêque de Paris devait confirmer encore.

Par cette vie intérieure et divine de foi et de prière, prêtre, évêque de ce redoutable diocèse, il fut fait tout à tous. Nous le voyons dévoué à tous les genres de ministère, à l'instruction de l'enfance, à la direction des âmes, au soin des malades, à la chaire, à la défense de l'Eglise attaquée, à des négociations graves, épineuses, pour les intérêts les plus élevés de la religion.

Et nous le voyons, toujours égal à lui-même, d'une piété inépuisable, d'une dignité sainte et affable, d'une vertu sans tache et qui ne se démentit jamais.

Sa constance est un même jour sans nuage; c'est comme un fleuve sans interruption ni mélange en son cours. Je cherchais sincèrement l'intervalle ou l'éclipse, pour en convenir; je ne les ai point trouvés.

Et ce n'est pas, Messieurs, force commune et mérite vulgaire, vous le sentez, qu'une marche toujours la même dans la vie et une égalité soutenue d'efforts, de travaux, d'intégrité, de zèle jusqu'à la fin; car la vertu est tout cela, et je n'ai pu que faiblement vous en représenter quelques traits dans notre saint pontife : vertu constante et soutenue.

Mais si nous envisageons le terrible poids qui lui fut imposé de la charge pastorale, nous verrons encore un nouveau et spécial caractère de force et de grandeur.

Le vénérable cardinal de Périgord n'avait consenti à porter le faix de l'archevêché de Paris, qu'avec la fidèle assistance du coadjuteur que son cœur avait choisi. Il était père, il en avait les sentiments, la tendresse la mieux placée; il trouva un digne retour dans son fils bien aimé, il trouva le digne héritier de son zèle et de son dévouement.

On ne juge bien, Messieurs, la nature et le vrai caractère de ce qui est grandeur, puissance, que du point de vue de la foi ; on l'appréciera surtout dans un cœur qui accepta, qui porta les dignités selon les vues et les pensées divines.

Des hommes sont assez insensés pour désirer, pour rechercher avec une vive ardeur l'élévation et le pouvoir. C'est folie lamentable ; mais toute logique cède à la cupidité, à l'orgueil poursuivant leur chimère. Je ne disconviendrai pas que l'ambition quelquefois aussi ne se soit trouvée sur les degrés du sanctuaire; mais il faut dire, à la gloire de l'Église et de ses divins enseignements, que, par une puissante transformation des pensées et des passions humaines, elle offrit dans son sein en tous les temps d'illustres et nombreux exemples de la fuite des honneurs comme de leur acceptation uniquement humble et sainte.

Avoir connu l'Archevêque de Paris, c'est avoir contemplé un de ces désintéressements sacrés, un de ces dévouements nobles et purs qui obéissent et se soumettent quand ils gouvernent, qui servent quand ils commandent, à l'exemple du divin évêque de nos âmes. Non, la moindre pensée d'ambition ne peut s'allier avec son souvenir.

A ses yeux l'épiscopat se montra tel qu'il est ; il le reçut et l'accomplit comme une œuvre laborieuse, non comme une flatteuse dignité, comprenant ainsi le mot de S. Paul, expliqué par S. Augustin : *Nomen operis, non dignitatis* (1) ; et celui de S. Jérôme (2) : « L'épiscopat c'est l'œuvre, non l'honneur ; le travail, non les délices ; *opus, non dignitatem; laborem, non delicias.* » Jeune encore, en se courbant sous le poids il connaissait, il acceptait la leçon donnée autrefois pour toutes les dignités par un roi de la terre : Ignorez-vous que grandeur

---

(1) Aug., lib. 19, *de Civ. Dei.* — 1. Tim., 3, 1.
(2) Hier., *Epist.* 83, *ad Occanum.*

et puissance c'est brillante servitude, *splendidam servitutem?* Et même au premier jour, au milieu des pompes solennelles de l'installation, sous les voûtes de cette métropole, le Dieu qui appela S. Paul en le terrassant, et qui révéla son apostolat en montrant à l'avance combien il aurait à endurer de travaux et de souffrances ; ce Dieu, qui triomphe par la croix, plaça le Coadjuteur de Paris sous cette vive impression. Il le confiait alors à de religieux amis. Lui aussi il accepta la croix, se dévouant à ses opprobres et à ses douleurs : *sustinuit crucem confusione contempta.* (1)

Le courage païen, a dit un Père, est cupidité, passion mondaine ; le courage chrétien est divine charité : *fortitudinem gentilium mundana cupiditas, fortitudinem christianorum Dei charitas facit.* (2)

Charité de Dieu qui fit la force et la fermeté du pontife.

(1) Heb., 12, 2.
(2) Aug.

S'il accomplit malgré les clameurs, l'émeute et les outrages, la dernière volonté de son prédécesseur, en visitant, en évangélisant toutes les paroisses de l'immense cité, que faisait-il, sinon aller à la recherche des brebis égarées pour les rapporter au bercail? C'était divine charité, et c'était courage.

S'il défend le depôt sacré de juridiction et d'autorité que lui donne son siége, s'il le défend inflexible, c'est fermeté; mais c'est charité, car c'est amour du bien, de la justice, de l'ordre établi; c'est le courage du zèle. Fermeté soutenue aussi dans de pénibles discussions entre le sacerdoce et l'empire, et dans les plus graves circonstances, quand les préventions injustes, les vieilles haines se réveillent, menacent; fermeté constante à suivre en tout temps, en tous lieux le but de son apostolat, la gloire de Dieu, le bien des âmes, et toujours dans un profond et sincère accord avec le chef souverain de l'Église : telle se montra la force d'âme du pontife.

Oui, il fut l'évêque fort, courageux, établi

dans le devoir comme sur un roc inébranlable, et continuant par le ministère pastoral cette lutte paisible et salutaire de la foi, seule défense et seul remède qui puissent aux autres secours et aux autres remèdes rendre leur efficacité pour prévenir nos dangers et guérir nos maux.

Messieurs, chez les nations vieillies, l'Église de Jésus-Christ, sa doctrine, son sacerdoce conservent seuls la force et la vie qui abandonnent les autres sociétés religieuses, que ne ne possédèrent jamais les systèmes philosophiques les plus vantés; et quand je contemple dans le silence l'épiscopat encore debout au milieu du chaos moral et intellectuel qui nous environne, son esprit porté et soutenu encore au dessus de la confusion de tant de doctrines incertaines et mensongères, je veux espérer contre toute espérance.

Dans une existence simple et modeste, une grande force, une grande influence peuvent se trouver; en voici la raison.

Il n'y a dans l'univers qu'un principe de vie,

principe unique, Dieu; son image et son représentant visible sur la terre, l'Église imite et accomplit le gouvernement divin, patiente aussi parcequ'elle est éternelle. Elle vit cependant de la vie même divine avec une double et invincible mission, l'enseignement et la durée.

L'Église enseigne et dure.

Étrangère, elle doit l'être, au maniement comme aux dissensions politiques des états, elle est néanmoins leur force véritable, parcequ'elle est la seule dispensatrice des principes mêmes divins d'ordre, de paix, de vérité et de vie intime au sein des sociétés.

Colonne et soutien de la vérité, l'Église, avec sa foi, ses pasteurs, avec son unité immuable, l'Église demeure. Sa présence, ses doctrines protestent, son silence même parle, son inflexibilité, sa tristesse arrêtent et défendent. Sans qu'on veuille se l'avouer, elle fait digue au torrent; elle conserve pures de tout mélange les eaux de la régénération et du salut, les verse encore aux peuples, et combat ainsi humble, mais forte, pour ceux-là même qui l'outragent ou l'abandonnent.

Or l'Église, c'est surtout, Messieurs, l'épiscopat uni à son chef suprême.

J'ai dit assez pour mon dessein quelle était la force de l'évêque; j'ai maintenant à rappeler cette part du courage qu'il faut nommer la douceur, sujet d'une seconde considération

SECONDE PARTIE.

S. Jean Chrysostôme a dit avec une admirable vérité dans l'une de ses homélies (1) : « Une marque de grand courage est la douceur. « La douceur demande une âme généreuse, vi-« rile et grandement sublime. Est-ce donc, « pensez-vous, peu de chose que subir la dou-« leur, l'outrage, les traitements injustes, et

(1) Chrysost., *Hom.* 48, *in Acta Apost.*

« n'être point irrité? Ce ne sera pas se trom-
« per non plus que d'appeler force d'âme et
« courage les soins de la charité fraternelle. »

Il y a, Messieurs, dans ces paroles du plus éloquent des Pères une profonde appréciation de ce qui est grandeur véritable et véritable vertu. Et son âme ardente, son génie courageux affectionnèrent beaucoup cette pensée; il la reproduisit plus d'une fois.

J'accepte pleinement et je crois bien comprendre cette noble doctrine.

Oui, la douceur est fermeté grande et grand courage, comme la force doit être douceur au sens chrétien. Dans une âme qui sait se posséder par la patience et par la paix, pour garder les divins trésors de mansuétude, je vois de difficiles et glorieux triomphes remportés, d'immenses obstacles surmontés.

Toutes les saillies de ressentiment et de colère, les peines vives du froissement et du malheur, l'enivrement et l'enflure des dignités et du bonheur, même les réponses de mort et le terrible arrêt prononcé; ce sont autant d'ennemis vaincus par la douceur. Quelles plus belles victoires peuvent appartenir au courage!

L'âme de l'archevêque de Paris posséda au souverain degré ce don précieux; il pourrait être nommé, défini par sa douceur, qui faisait même le caractère distinctif de son courage. Toute sa personne était une bénite image de celui qui aimait à se dire doux et humble de cœur. Mais cette bénignité du père fut en même temps la magnanimité du pontife; il les porta inséparables dans la bonne et la mauvaise fortune et jusque dans les étreintes de la mort.

Dans des jours qu'on peut croire heureux l'élévation et les honneurs, les soins attachés au pouvoir facilement dérangent et troublent. S. Grégoire-le-Grand, dans un livre qu'il a écrit sur le gouvernement pastoral, disait: « Qu'est-ce que le faîte de la puissance, sinon la tempête de l'âme? *Quid est potestas culminis, nisi tempestas mentis* (1)? Mille sollicitudes attaquent à la fois, agitent en tous sens, et

---

(1) Greg. magn., *Reg. past.*, part. 1, c. 9.

pressent d'autant plus qu'il s'agit des intérêts sacrés de la religion et de la conscience. Qu'il serait donc, ce semble, alors pardonnable d'être quelquefois moins fort que sa peine, et de subir l'empire des soucis et des chagrins en acceptant une part de trouble, d'impatience et d'inquiétude!

Mais toujours condescendre avec bonté, toujours et envers tous; n'affecter d'autre autorité que la bienveillance et la tendresse, *per benevolentiam subigens*, comme l'a dit un grand orateur (1); ne point faire sentir la domination ni le pouvoir; gouverner surtout par le poids de l'exemple et par l'influence des sentiments du cœur (2); en débattant et soutenant contre de puissants efforts la vérité, la foi, l'Église, rester modeste et doux dans la justice; avoir choisi, avoir gardé dans la grandeur comme appui, comme devise, un simple et filial abandon envers Dieu, envers la Mère de Dieu; paraître toujours, demeurer toujours le pontife pieux et

(1) Greg. Naz., *Orat.* 20.
(2) I. Pet., 5, 3.

saintement occupé du salut de son peuple dans les instructions pastorales, dans la prédication assidue; malgré tant d'ébranlements, répandre la parole évangélique comme un miel sans amertume; répandre aussi sans cesse et sans mesure les trésors de la miséricorde, en sorte qu'on ne semble vivre que des effusions de la piété et de la charité; et cependant ne point faiblir, n'être jamais inférieur à la dignité, aux devoirs de l'épiscopat : c'est le gouvernement que nous avons vu présider à ce diocèse. On doit le nommer courage sans doute; mais ce courage fut douceur, et c'est avoir nommé ce que nos cœurs admirèrent et chérirent.

Aux jours qu'on pouvait croire les jours de la prospérité pour l'Archevêque de Paris déjà l'épreuve et ses combats n'avaient point manqué; l'inaltérable et ferme douceur du pontife ne s'était pas démentie.

Aux jours qu'on peut nommer pour lui les jours de l'adversité et des cruels outrages, son triomphe et sa force toujours furent les mêmes, ils furent encore son invincible et douce charité.

Il ne se peut qu'au fond des tourmentes politiques ne se remue un levain puissant d'irréligion, source première de désordre, de malheur et de crime ; car religion, c'est barrière et frein protecteurs d'ordre et de paix. La religion ici-bas se personnifie, quoi qu'on en ait, dans ses temples et ses ministres ; et les attaquer, Messieurs, qu'est-ce donc, sinon attaquer la religion même ?

J'oublierais l'esprit de mansuétude et de charité que je dois célébrer, je manquerais à cette sorte de mission que me donne le souvenir du pontife, et à laquelle, je le sens, sa volonté me lie, si j'élevais ici la voix d'une justice sévère contre des maux que son cœur pardonna. Dans la chaire évangélique, tout près de restes vénérés dont le silence pardonné encore, je ne viens pas flétrir et condamner les auteurs de cruelles injures ; je les plains.

J'aime à reposer ma vue et mes pensées attristées sur l'un de ces grands spectacles que la religion sait donner au monde : la longanimité, la patience, l'inaltérable douceur d'un évêque poursuivi par la plus injuste fureur.

La maison épiscopale deux fois envahie, dévastée, ruinée; toutes les ressources du pasteur, ou plutôt des pauvres, dilapidées, enlevées; des cris de mort proférés; d'atroces calomnies répandues; le libelle, l'outrage semés à profusion; les églises profanées, le prélat errant et sans asile, et longtemps encore ses intentions dénaturées : ce sont les faits.

Et le pontife demeure, ne veut pas fuir! Quand ses jours sont menacés, il n'aura pas quitté son diocèse; il aura préparé de ses mains le pansement des blessés, ne pouvant aller encore lui-même les secourir et les soulager; il saura se venger plus tard. Aux libelles, aux injures il oppose le langage du Sauveur indignement traité; il se tait.

Contre ceux qui s'étaient faits ses ennemis jamais il ne laissa entendre la plainte, la récrimination amère; jamais. Il est calme, résigné, profondément indulgent; il n'a que de l'affection et de l'amour pour répondre à la haine. Il est évêque, il veut n'être qu'évêque; et en effet nulle autre pensée ne l'occupa dans aucune des positions de sa laborieuse carrière. Nous le savons bien, et nous pouvons l'attester nous tous, auxquels tant de fois dans les doux épanchements de la confiance il ouvrit son âme tout entière.

S. Basile répondait autrefois à des reproches et à des persécutions violentes : « Vous ne savez donc pas ce que c'est qu'un évêque! » Nous pourrions à plusieurs adresser la même parole.

Cependant l'Archevêque de Paris a dû l'apprendre à ceux qui l'ignoraient.

Nouvel Athanase, il s'était donc caché pour un temps, afin d'éviter aux passions déchaînées de plus grands maux, un plus grand crime.

Vous reparaîtrez, ô courageux et doux pontife! vous reparaîtrez, car un horrible fléau a saisi votre peuple. Vous sortirez de votre humble retraite; vous viendrez à travers les dangers et les affreux ravages du mal destructeur pour sauver les âmes et soulager ceux qui souffrent; vous viendrez leur prodiguer vos soins, vos caresses, vos aumônes.

Il est venu; il a parcouru nos hôpitaux encombrés; il est au chevet des mourants; il les exhorte, les encourage, et les dispose à comparaître devant le souverain juge. Pour mieux ranimer leur confiance, il les presse contre son sein, les porte dans ses bras; on l'a vu. Il lui est donné de rencontrer un des artisans de ses désastres, qui le repousse encore; le pontife s'attache à lui, le rassure, le console, l'entoure des plus tendres attentions, le bénit et le prépare à bien mourir.

Il recommande instamment que ses dons, inépuisables malgré sa détresse, aillent chercher d'abord ceux que l'on connaîtrait comme ayant pris part à sa ruine.

Puis la misère est montée à son comble; la ville se remplit d'orphelins sans appui, sans pain, sans asile; le pontife les adopte, appauvri le premier. N'importe, il apparaît grandi de toute la dignité de l'épreuve et du malheur: il se montre, il demande, il sollicite; et d'abondants, d'inespérés secours viennent fonder, soutenir cette œuvre immense. Pour d'autres temps et d'autres mœurs, les orphelins du choléra recueillis, élevés sans autre ressource que la charité libre et spontanée des fidèles et le cœur d'un évêque, suffiraient à immortaliser un nom.

Vous êtes dignes de partager cette gloire, vous âmes fortes et généreuses, qui, à l'appel de votre évêque, lorsque, pour la première fois, il remontait dans la chaire, avez compris son zèle; par un de ces élans chrétiens dignes des beaux siècles de foi, on vous a vues alors vous dépouiller de vos riches ornements, et dans le temple même du Seigneur, pour honorer, consoler son pontife, lui prodiguer l'aumône de votre or. Soyez bénies! vous retrouverez un jour les consolations que vous savez si bien donner.

A cette œuvre, ajoutez, Messieurs, ces incalculables œuvres, ces innombrables genres de secours multipliés sous toutes les formes dans cette cité, vaste assemblage de tous les maux ; et vous pourrez, si vous êtes justes appréciateurs du mérite, vous dire ce que fut un évêque dans cette illustre métropole.

Quand Dieu veut donner au monde une grande leçon, quand il veut manifester son esprit et la force de sa grâce, il choisit un homme, l'élève et l'expose aux regards de tous, le comble d'honneurs ; puis il le désigne et le livre aux coups de l'adversité.

Par le feu des tribulations il l'éprouve ainsi que l'or dans la fournaise; il le presse, l'agite, le traverse, et Dieu seul peut connaître ce que souffre une âme sous ce terrible jeu de l'action divine, se servant des assauts de l'infortune comme d'instrument.

Dieu vient ensuite: il considère, pour me servir du langage de nos Ecritures, il juge le combat et l'épreuve; et si l'âme triompha, si elle porta dans la tempête les fruits de paix, de patience et d'inébranlable charité, Dieu l'appelle, la félicite devant ses anges, et l'introduit dans la joie du Seigneur. Elle entre au port glorieuse, paisible, comme le vaisseau vainqueur après l'orage.

Le moment de la mort était donc arrivé. Doux envers tout le monde, le pontife le fut envers la mort elle-même, comme on l'a si bien dit (1). Il l'a vue s'avancer pas à pas; il l'a contemplée d'un œil serein, d'un cœur tranquille; et, si j'ose parler ainsi, il a conversé familièrement avec elle. Sa piété, son aménité, ses tendres prévenances, sa magnanimité suave et forte ne se démentirent pas un seul instant parmi de longues et vives douleurs.

Il avait dit : « Quand un évêque ne peut plus rien faire, il ne lui reste qu'à mourir. »

Il a rendu un dernier et solennel hommage à Marie immaculée; dans toutes ses églises, pendant qu'il souffre, on célèbre par son ordre avec pompe le glorieux et indubitable privilége de la vierge conçue sans péché; il souffre consolé.

(1) Mandement de Messieurs les vicaires généraux capitulaires.

Une dernière fois il a recommandé ses orphelins du choléra; père et sauveur, à l'exemple du divin maître, il les aima jusqu'à la fin.

Il avait voulu être averti quand le danger deviendrait plus pressant. Alors il demande, il avait déjà demandé les derniers sacrements de l'Église; il les reçoit avec calme et doucement recueilli. Présent et uni aux prières de ses prêtres, ses dignes coopérateurs et ses amis, il semble devancer l'heure prédestinée pour la franchir ainsi plein de vie, et il fait entendre ces paroles religieusement conservées, que vous connaissez tous, qu'il faut redire : « J'ai parcouru une mer orageuse : si je puis, comme je l'espère par la grâce de notre Seigneur et sous les auspices de *l'étoile de la mer* arriver au port, je serai toujours sur le rivage de l'éternité, où vous viendrez tous aborder, pour vous attendre, vous recevoir et vous donner le baiser de paix fraternel et éternel. C'est là qu'il sera heureux de dire : *Ecce quàm bonum et quàm jucundum habitare fratres in unum.* »

Ce n'est pas ainsi qu'on invente, serais-je tenté de m'écrier ici ; et si la foi d'une autre vie, si la foi tout entière du catholicisme n'étaient que chimère, que seraient donc ces paroles de votre évêque mourant?

Quant à lui, sa conversation paraît être déjà dans le ciel; il n'aspire qu'à se réunir au divin objet de son amour; et il dit : « *Je vais être jugé par celui que j'ai toujours aimé, que j'aime encore.* »

Tout ce qui pouvait être donné d'exemples touchants et élevés de vertu, de piété, de courage, est accompli. Digne pontife et digne victime, il peut maintenant répéter la parole divine du grand sacrifice : tout est consommé, *consummatum est.*

Mais une autre et sublime parole doit surtout marquer le départ de cette grande âme si bien conforme au Dieu mourant: « Qu'on sache bien que je n'en veux à personne ; je désirerais pouvoir faire du bien à ceux qui m'ont fait le plus de mal. » Tel était son cœur.

On demande sa dernière bénédiction pour

son clergé, son diocèse et la France; et sa main défaillante forme encore la croix.

Et sa prière continuait encore; mais bientôt elle a cessé : un ange s'était envolé vers les cieux.

Près de restes inanimés on se sent pressé d'invoquer celui qui n'est plus; on ne sait guère prier pour lui.

Et la cité s'émeut; cette grande et insouciante cité s'est émue; et ses générations indifférentes et blasées se sont levées pour saluer et honorer leur archevêque mort; et ce peuple rendu à lui-même est revenu à la justice et à l'hommage envers celui que poursuivirent trop longtemps une prévention aveugle et d'injustes outrages.

J'ai pensé, Messieurs, qu'un simple et fidèle récit vaudrait mieux que tous mes éloges, vous dirait mieux quel était l'évêque, mieux aussi quels sont les enseignements donnés par la Providence sur cette tombe.

Mort le pontife vous parle encore, *defunctus adhuc loquitur*, vous parle mieux ici avec sa foi, ses vertus, sa bonté, son courage que le sang même du juste Abel. Sur cette terre désolée il n'appelle point la vengeance; il n'appelle, il n'invoque sur elle que la paix, la vérité, la justice, les miséricordes du Seigneur; car il ne voulut jamais que donner et répandre les biens de la foi.

A cette foi de Jésus-Christ, âme de son âme et vie de sa vie, il consacra ses forces, ses talents, ses travaux, ses douleurs; et la foi et cette divine charité qu'elle inspire ont porté en lui leurs fruits bénis.

Dites-moi dans vos consciences, est-elle donc vaine, est-elle fausse, illusoire, cette foi qui arme un cœur d'une douceur, d'une bénignité invincibles; qui l'arme d'un indomptable et saint courage; qui pour les maux, la spoliation et l'injure rend les biens, l'aumône sans mesure, rend l'inaltérable indulgence et l'infatigable amour? Est-elle fausse, vaine cette foi qui jamais n'élève la plainte, l'opposition ou le murmure, mais seulement la prière, et ne fait entendre d'autre voix que celle de la patience, du zèle, de la bonté?

Est-elle donc fausse, inventée et mensongère cette divinité d'une Eglise, asile et source des vertus les plus douces et les plus pures comme du plus généreux héroïsme ; d'une Eglise qui, si souvent méconnue dans ses enseignements, ses pontifes et ses prêtres, n'a besoin que d'opposer des faits, des résultats, des œuvres, pour convaincre un esprit et un cœur sincères ?

Et si les prodiges de la charité ; si tous les dons précieux de sainteté surhumaine, l'amour du pauvre, l'amour des ennemis ; si les consolations, le calme de l'existence, les consolations, le calme de la mort ; si cette vie de la foi, honneur et gloire de la terre, avant-goût du bonheur du ciel ; si l'indestructible constance et l'inébranlable durée au milieu de tous les bouleversements et de tous les assauts : si tels sont les droits, les caractères inséparables d'une Eglise et d'une foi ; quand une tombe s'est fermée pour vous l'apprendre mieux encore, direz-vous : C'est folie, c'est chimère ou bien c'est doute ? et irez-vous encore, aveugles, insensés, vous précipiter dans l'avenir sans songer même qu'il y aura une autre terre et d'autres cieux?

Mais de plus graves, de plus dignes pensées vous occupent, j'en suis sûr, Messieurs. Peu de jours s'écouleront, et je devrai remonter dans cette chaire pour vous annoncer encore la foi de Jésus-Christ; peut-être jugerez-vous que j'ai commencé aujourd'hui mon ministère. Je vous redirai encore les leçons de cet apostolat qui ne périt point avec l'apôtre, mais vit et persévère dans la mission toujours continuée et toujours divine. Heureux si nous pouvions sur les cendres d'un père, oubliant nos divisions et nos erreurs, nous embrasser et nous unir dans une foi, un Dieu, une Eglise et une même charité!

FIN.

www.ingramcontent.com/pod-product-compliance
Lightning Source LLC
Chambersburg PA
CBHW062012070426
42451CB00008BA/674